At The Beach

```
B A L L L J S U O N
M X W T I U E J Q U
Y E V E A S A N C M
D S B S P G G W D B
A T G N V B U S J R
O U B U D B L F L E
C X K S P R L D H L
F A M I L Y F N U L
S E V A W Q G A I A
S H O V E L Q S R V
```

BALL   SAND   SUNSET
FAMILY   SEAGULL   UMBRELLA
PAIL   SHOVEL   WAVES

Show Me Shapes

N	E	D	U	J	G	I	V	L	R
O	T	R	I	A	N	G	L	E	E
G	W	H	H	V	A	R	O	S	C
A	K	E	Y	Q	A	Y	V	C	T
X	S	A	E	T	O	Q	A	I	A
E	P	R	S	W	T	O	L	R	N
H	H	T	P	J	G	V	O	C	G
N	O	G	A	T	N	E	P	L	L
F	D	E	R	A	U	Q	S	E	E
I	P	M	G	M	E	C	T	C	A

CIRCLE   OVAL   SQUARE

HEART   PENTAGON   STAR

HEXAGON   RECTANGLE   TRIANGLE

Let's Be Colorful

```
Q O R T G G P K W Q
U C I B E K R Z Q E
I E Z A I L A E G K
B L U E F L O N E V
Y E L L O W A I O N
J U U Z K R D J V E
F Q P J O C U E H T
Q N Q U Y B A U R I
E L P L R U P L N H
R K H K Z X X S B W
```

BLACK ORANGE VIOLET
BLUE PURPLE WHITE
GREEN RED YELLOW

Take Me To The Zoo

H	L	M	B	E	A	R	Q	K	T
S	X	H	O	M	N	O	H	I	S
B	Q	C	P	N	V	N	G	G	L
D	H	G	L	S	K	E	U	O	O
F	G	V	I	A	R	E	D	R	T
D	U	R	R	R	N	G	Y	I	H
Y	B	B	A	O	A	G	L	L	O
S	E	Q	I	Z	Z	F	J	L	C
Z	R	L	X	V	H	Q	F	A	U
E	L	E	P	H	A	N	T	E	H

BEAR GORILLA SLOTH
ELEPHANT LION TIGER
GIRAFFE MONKEY ZEBRA

It's Veggie Time!

```
Q H B Z G F A A E P
M O O R H S U M G O
O P L A V T E Q A T
N E P W O W G Z B A
I A F R W L E R B T
O S R M V M N T A O
N A C E L E R Y C N
C B R O C C O L I R
X U G Y L D S I C O
S K G O Y B H O Y C
```

BROCCOLI   CELERY   ONION
CABBAGE   CORN   PEAS
CARROT   MUSHROOM   POTATO

What's In The Ocean?

```
Q N K B C L H O S U
I I R E R L S C N U
O H A D H O I T A S
V P H P F B F O I I
Y L S L P S Y P L W
U O W O J T L U L U
H D U G H E L S I H
D I U Q S R E D O Y
B A R C P J J X Y O
S T A R F I S H K C
```

CRAB   LOBSTER   SQUID
DOLPHIN   OCTOPUS   STARFISH
JELLY FISH   SHARK   SNAIL

Feelings

Y	L	E	N	O	L	Y	D	E	Y
X	D	K	D	F	Z	X	E	X	I
Q	W	H	A	P	P	Y	S	F	N
A	O	J	C	Y	T	O	I	D	F
N	R	S	O	V	W	U	R	X	D
G	R	A	H	Y	W	V	P	C	F
R	I	D	X	R	Y	W	R	L	R
Y	E	L	P	F	V	M	U	O	D
Z	D	X	P	F	U	L	S	V	J
A	N	N	O	Y	E	D	C	E	V

ANGRY   JOY   SAD
ANNOYED   LONELY   SURPRISED
HAPPY   LOVE   WORRIED

In The Neighborhood

D	Y	E	H	J	H	H	T	X	P
L	N	U	R	O	D	H	Q	O	C
I	D	U	T	O	E	M	H	K	H
B	B	E	O	A	T	S	D	N	U
R	L	D	T	R	E	S	L	A	R
A	H	E	K	E	G	O	T	B	C
R	R	Q	F	U	O	Y	U	E	H
Y	S	F	Q	H	M	G	A	E	P
F	O	D	C	B	N	Z	V	L	M
C	D	S	M	H	K	M	J	D	P

BANK   HOTEL   PLAYGROUND
CHURCH   LIBRARY   SCHOOL
COFFEE SHOP   PET STORE   THEATER

Favorite Foods

S	E	K	A	C	N	A	P	T	M
E	S	E	E	H	C	X	F	A	A
A	A	P	P	I	Z	Z	A	C	E
A	T	S	A	P	I	L	V	O	R
K	Q	K	M	A	F	O	R	S	C
E	T	A	L	O	C	O	H	C	E
V	N	O	C	A	B	A	T	I	C
F	S	E	I	R	F	V	Q	F	I
K	D	H	L	D	T	K	R	Z	A
L	B	O	B	D	Y	K	M	I	I

BACON   FRIES   PASTA
CHEESE   ICE CREAM   PIZZA
CHOCOLATE   PANCAKES   TACOS

Let's Talk Fruit

```
Y L O C X J K K R O
U E B B B G X J R G
I M Y A U P U A M Q
W O S N P T N M P H
E N V A P G B N F Q
E V Z N E A P P L E
S M W A E P A R G K
D B I M A N G O I N
I L M L L A V W C U
C H E R R Y I Y U H
```

APPLE GRAPE LIME
BANANA KIWI MANGO
CHERRY LEMON ORANGE

Hobbies

G	M	P	A	P	D	S	B	T	G
N	N	X	I	F	E	L	I	A	N
I	I	K	I	L	O	D	P	G	I
W	L	F	Z	G	R	A	N	L	D
E	I	Z	G	A	I	I	J	B	A
S	U	I	W	N	K	K	D	B	E
P	N	I	T	O	K	Z	R	X	R
G	N	I	O	G	N	I	K	I	H
G	N	C	Y	N	B	D	K	Y	K
G	E	C	N	A	D	G	X	K	P

BLOGGING DRAWING PUZZLES
COOKING HIKING READING
DANCE PAINTING SEWING

Toys

B	H	O	D	Y	A	L	P	M	S
F	O	I	B	A	D	Q	D	K	D
Q	J	A	A	A	B	Y	C	R	O
P	Z	L	R	R	L	O	L	H	L
O	G	E	L	D	L	L	I	U	L
O	Y	O	Y	B	G	Y	G	D	M
Y	K	N	I	L	S	A	T	R	R
K	N	A	D	D	K	I	M	K	X
N	Y	W	T	Q	C	E	S	E	G
R	A	C	E	C	A	R	S	W	S

BALL   DOLL   RACE CARS
BLOCKS   LEGO   SLINKY
BOARD GAMES   PLAY-DOH   YO-YO

Occupations

H	T	M	P	E	V	T	M	S	T
M	L	S	S	I	E	C	C	B	S
D	U	R	I	A	L	I	S	S	I
C	U	S	C	P	E	O	R	A	T
N	A	H	I	N	A	O	T	V	N
C	E	S	T	C	T	R	M	H	E
R	M	I	H	C	I	E	E	P	D
C	S	X	O	I	P	A	F	H	V
T	N	D	S	K	E	V	N	T	T
J	T	M	F	B	P	R	H	V	L

CASHIER   MUSICIAN   SCIENTIST
DENTIST   NURSE   TEACHER
DOCTOR   PILOT   THERAPIST

On The Farm

```
D A L H U T T F H T
L J F P B R E A A U
E V Y N A D K R T A
I D H C K P D M D P
F B T L W P D E F G
L O I H E O H R I W
R M N D L C C P H Y
Y A V E O T O X E Q
D Z U U H B K R C L
Q J O L I S P Y N N
```

CORN   FIELD   PIG
COW   HEN   SILO
FARMER   MILK   TRACTOR

Transportation

```
D T E S T N L N V M
D A L C C T R U C K
V J C V A O E A T C
S P Y I A R O Q S B
J L C X V N G T U U
F O R A T W C I E S
C D O T H A T O O R
S M T O N M O R R F
R R O B I K E B K C
S Q M L L R A U D S
```

BIKE   CAR   TAXI
BOAT   MOTORCYCLE   TRUCK
BUS   SCOOTER   VAN

My Body

L	E	G	E	Y	E	S	S	N	H
H	A	N	D	E	G	T	T	R	M
T	X	X	A	M	O	H	O	P	R
B	Q	R	C	O	L	X	M	X	A
B	O	M	F	Y	C	T	A	A	E
O	C	V	O	N	W	Q	C	F	N
N	S	Z	K	U	J	B	H	S	D
R	S	D	Z	C	T	A	B	D	G
Y	G	S	C	T	W	H	Z	G	T
E	S	O	N	U	S	O	I	O	B

ARM   FOOT   MOUTH
EAR   HAND   NOSE
EYES   LEG   STOMACH

Fire Safety

K	B	R	B	V	X	H	P	X	T
X	C	X	E	R	B	O	R	L	A
M	A	U	E	D	E	T	R	G	O
Z	R	T	R	B	D	H	D	D	C
U	A	A	O	T	Y	A	E	T	C
W	H	G	L	D	E	S	L	E	Y
O	O	K	R	A	T	R	S	O	Z
D	F	A	N	O	I	O	I	Q	Q
M	N	Z	O	B	H	H	Q	F	G
T	L	B	Y	S	K	F	F	L	T

ALARM   DOG   HYDRANT
BOOTS   FIRE TRUCK   LADDER
COAT   HOSE   WATER

At The Bakery

```
F Q E P S M L N K N
Y S G D P F U J O R
Q H G D A V L R Y E
D C S N T Q P O Y T
V Y E T U A B F U Z
S V I C L K U Z O R
O U A A A I T P I E
R K G K W W T Z A Q
E Y Y A X F E W K W
J L Y W R P R D U X
```

APRON   EGGS   PIE
BUTTER   FLOUR   SPATULA
CAKE   OVEN   SUGAR

Winter Time

S	I	N	K	F	Y	Q	S	O	T
W	C	I	A	O	R	N	S	R	U
E	I	W	Y	M	E	A	T	P	M
A	C	A	Y	T	W	A	C	Q	X
T	L	W	T	S	R	O	A	S	X
E	E	I	O	K	P	L	N	F	X
R	M	E	P	N	K	O	N	S	X
C	O	A	T	S	S	D	E	L	S
F	I	R	E	P	L	A	C	E	G
A	Z	X	U	H	Z	Z	P	Z	N

COAT MITTENS SNOW
FIRE PLACE SCARF SNOWMAN
ICICLE SLED SWEATER

It's Fall Time

S	S	E	V	A	E	L	S	N	T
I	C	M	O	A	J	Q	E	R	K
F	Y	A	G	Y	U	H	E	O	P
R	C	H	R	A	V	Q	L	C	I
B	L	Q	S	E	T	K	P	A	N
P	X	H	A	M	C	T	P	L	E
Q	D	N	E	K	G	R	A	H	C
P	U	M	P	K	I	N	O	X	O
L	L	A	B	T	O	O	F	W	N
H	A	R	V	E	S	T	L	S	E

ACORN   HARVEST   PUMPKIN
APPLE   LEAVES   SCARE CROW
FOOTBALL   PINE CONE   SQUASH

At The Pizza Shop

```
O S P S I D F J D N
R L Y G S O Y X O B
D I X N Z P I Y G X
E C L I E S E E H C
R E Z P D N B E K N
S D X P V O C O M T
O A X O G U U Q X Y
Q V W T A Q T G A J
H I E S M E N U H X
H A B N F B E K C Z
```

BOX MENU SAUCE
CHEESE ORDERS SLICE
DOUGH OVEN TOPPINGS

Let's Think Spring

```
Y D N U S H U B P G
Q L A G N W B R I P
G R F F U C F E L S
X U F R F X X E U T
U Z B N E O J Z T U
H L I Y V T D E B O
D A U K D I T I K R
R U A Y I A D U L P
H R V T D F L C B S
S R E W O L F K D O
```

BREEZE   FLOWERS   SPROUTS
BUTTERFLY LADYBUG   SUN
DAFFODIL RAIN   TULIP

Bugs and Insects

J	Q	S	Z	F	H	O	M	S	T
M	R	C	W	Q	I	O	M	V	Q
A	H	C	X	J	W	T	B	T	E
J	Q	S	D	J	D	T	Q	E	H
L	A	D	Y	B	U	G	B	O	G
Y	B	E	E	T	L	E	M	Y	K
S	N	A	I	L	C	I	P	A	Q
X	R	E	D	I	P	S	R	Y	Y
S	F	T	N	A	E	A	R	L	W
T	E	K	C	I	R	C	F	X	D

ANT   CRICKET   SNAIL
BEE   FLY   SPIDER
BEETLE   LADYBUG   WORM

Sight Words

P	E	A	N	B	V	G	P	F	F
R	W	L	I	I	O	R	V	O	R
E	Y	E	P	L	A	U	L	U	O
T	V	J	T	O	V	G	N	R	M
T	F	U	V	U	E	E	A	S	D
Y	E	U	L	B	E	P	B	A	J
G	O	O	M	B	E	K	K	I	J
K	S	B	S	Q	N	M	O	D	C
A	C	V	L	O	A	B	A	P	N
X	P	Y	W	R	I	B	K	W	A

AGAIN   **FOUR**   **PEOPLE**
BEEN   **FROM**   **PRETTY**
BLUE   **KNOW**   **SAID**

Summer Time Fun

```
D P C C I N C I P V
B E A C H G O K P A
I U M K G O W K Y C
P R K Y W L H T X A
V W P L M O Z O Z T
B A R B E C U E T I
I C E C R E A M X O
S K R O W E R I F N
N E E R C S N U S I
S W I M M I N G R E
```

BARBECUE   HOT   SUNSCREEN
BEACH   ICE CREAM   SWIMMING
FIREWORKS   PICNIC   VACATION

At The Playground

E	S	J	L	C	S	T	K	Z	F
I	A	Z	L	S	R	Q	S	U	H
I	G	W	A	A	A	W	N	U	W
P	F	V	W	N	B	A	N	U	S
X	L	Z	K	D	Y	S	S	Y	Q
E	D	R	C	B	E	E	G	X	B
K	D	I	O	O	K	E	N	W	G
M	I	I	R	X	N	S	I	A	D
Q	Z	D	L	V	O	E	W	F	F
N	K	E	S	S	M	O	S	Q	M

FUN   ROCK WALL   SLIDE
KIDS   SAND BOX   SUN
MONKEY BARS   SEESAW   SWINGS

Around The World

D	G	C	I	I	A	F	I	J	I
E	E	A	T	S	I	C	H	B	M
N	R	N	A	L	L	I	A	D	K
M	M	A	L	W	A	Z	I	S	J
A	A	D	Y	A	R	T	T	G	N
R	N	A	P	E	T	E	I	T	C
K	Y	Z	G	A	S	H	C	D	H
U	G	Y	Z	W	U	U	C	A	E
W	P	J	D	J	A	W	Q	Q	I
T	B	E	L	G	I	U	M	W	F

AUSTRALIA   DENMARK   GERMANY
BELGIUM   EGYPT   HAITI
CANADA   FIJI   ITALY

www.ingramcontent.com/pod-product-compliance
Lightning Source LLC
Chambersburg PA
CBHW051431070526
44584CB00023B/3681